Psst!
Im Wald klopft ein Buntspecht
gegen den Baumstamm.
Tock, tock, tock.
Hörst du es auch?

1. Leserätsel

Wie heißt noch mal dieser Vogel?

Schwarzspecht

Buntspecht

Grünspecht

Lösung

Schwarzspecht

Buntspecht

Grünspecht

Ella und Lisa lieben Pferde.
Heute, am Dienstag,
haben sie ihre dritte Reitstunde.
Sie sind schon ganz aufgeregt.

2. Leserätsel

Wann haben Ella und Lisa Reitstunde?

- ○ jeden dritten Tag
- ○ am Dienstag
- ○ am dritten Juli

Lösung

- [ ] jeden dritten Tag
- [x] am Dienstag
- [ ] am dritten Juli

Oma Lotte hat lauter Katzen.
Ein kleines Kätzchen,
vier ältere Katzen
und einen ganz alten Kater.

3. Leserätsel

Wie viele Katzen hat Oma Lotte?

Lösung

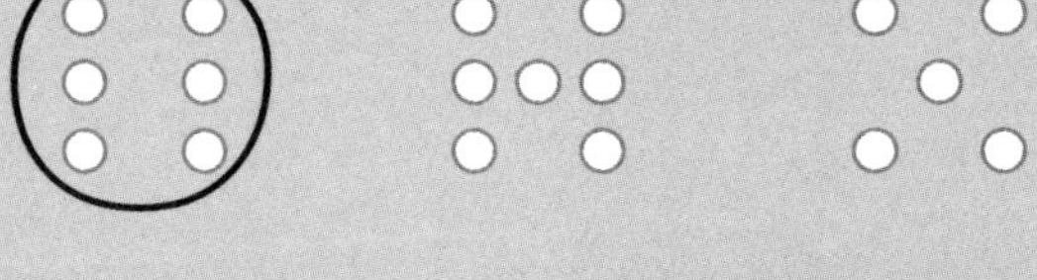

Oma Lotte hat sechs Katzen.

Olli hilft dabei,
die Tiere zu füttern.
Schwein Mopsi
begrüßt ihn freundlich.

4. Leserätsel

Findest du den Namen der großen gelben Blume heraus?

____

blu

Lö chen nen me wen Son mäul

Lösung

Son nen blu me

(Die andere Pflanze war das Löwenmäulchen.)

Mara hätte gern ein Kaninchen.
Die Eltern erlauben es nicht.
Aber die Kaninchen der Nachbarn
darf sie jederzeit streicheln.

5. Leserätsel

Finde ein anderes Wort für „jederzeit“!

zeitweise

nie

ab und zu

immer

selten

manchmal

Lösung

zeitweise

nie

ab und zu

immer

selten

manchmal

Es ist Heiligabend.
Da kommt Oles Geschenk
zur Tür hereinspaziert.
Hurra, es ist ein Hund!

6. Leserätsel

Zu welchem Fest gehört Heiligabend?

- ○ zum Nikolaustag
- ○ zu Weihnachten
- ○ zu Ostern

Lösung

- ○ zum Nikolaustag
- ☒ zu Weihnachten
- ○ zu Ostern

Im Wald sieht Lisa
lauter Fliegenpilze.
Zwischen den Bäumen
versteckt sich ein Reh.

7. Leserätsel

Wie viele Fliegenpilze siehst du?

10 – 4 5 + 3

2 + 5 8 – 2

Lösung

10 – 4

5 + 3

(2 + 5)

8 – 2

Es sind sieben Fliegenpilze zu sehen.

Der dicke Bruno freut sich.
Sein Freund Flips
ist wieder da.
Flips flattert um seine Nase.

8. Leserätsel

Welcher Satz klingt komisch?

- ○ Um seine Nase flattert Flips.
- ○ Seine Nase flattert um Flips.
- ○ Flips flattert um seine Nase.

Lösung

- ○ Um seine Nase flattert Flips.
- ☒ Seine Nase flattert um Flips.
- ○ Flips flattert um seine Nase.

Familie Meier geht spazieren.
Bei einer Pferdekoppel
bleiben alle stehen
und schauen lange den Ponys zu.

9. Leserätsel

Zu einer Koppel kann man auch anders sagen. Wie?

Manege

Arena

Hof

Weide

Lösung

Manege

Arena

Hof

Weide

Elefanten aus Afrika
haben große Ohren.
Jojo hat kleinere Ohren.
Er kommt aus Asien.

10. Leserätsel

Wer hat was?

afrikanischer Elefant	kleine Ohren
asiatischer Elefant	große Ohren

Lösung

afrikanischer Elefant – große Ohren

asiatischer Elefant – kleine Ohren

Frieda, die Schildkröte,
wohnt in einem Aquarium.
Gerne wandert sie dort herum
und guckt hinaus.

11. Leserätsel

Lies rückwärts! Wie heißt die Schildkröte?

NILODIRF

REDEIRF

EKIREDEIRF

ADEIRF

Lösung

NILODIRF

REDEIRF

EKIREDEIRF

ADEIRF

Eichhörnchen
können ganz schön frech sein.
Haps! Es hat einfach ein Stück
von der Brezel abgebissen.

12. Leserätsel

Wie heißt das Tier genau?

- ○ Einhörnchen
- ○ Eichpfötchen
- ○ Eichhörnchen

Lösung

○ Einhörnchen

○ Eichpfötchen

☒ Eichhörnchen

In den Ferien darf Anna
auf dem Reiterhof helfen.
Ihr Lieblingspferd heißt Ivo.

13. Leserätsel

Erkennst du die einzelnen Wörter?

INDENFERIENDARFANNAAUF

DEMREITERHOFHELFEN.

Lösung

IN|DEN|FERIEN|DARF|ANNA|AUF|

DEM|REITERHOF|HELFEN.

Ole und Maja gehen spazieren.
Maja führt ihre Katze
an der Leine.
Oles Hund läuft voraus.

14. Leserätsel

Wer geht hier an der Leine?

Lösung

Ziege Molli
ist mal wieder ausgebüxt.
Herrlich, der Schnee!
Molli liebt den Winter.

15. Leserätsel

Welches Wort passt hier nicht rein?

ausbüxen

ausreißen

fortlaufen

boxen

entwischen

Lösung

ausbüxen

ausreißen

fortlaufen

boxen

entwischen

Der kleine Pirat Nick
fährt übers Meer.
Da fliegt ein Papagei herbei.
Die Insel der Papageien
ist also schon nah.

16. Leserätsel

Welche Farben hat der Papagei?

- ○ Blau und Rot
- ○ Gelb und Blau
- ○ Rot und Grün
- ○ Grün und Gelb

Lösung

○ Blau und Rot

☒ Gelb und Blau

○ Rot und Grün

○ Grün und Gelb

Leila hat ein schönes Fell.
Kuschelig und warm.
Alex könnte sie dauernd
umarmen!

17. Leserätsel

Suche immer das Gegenteil!

schön | warm | dauernd | kuschelig

hässlich | kratzig | nie | kalt

Lösung

schön warm dauernd kuschelig

hässlich kratzig nie kalt

Ayla und ihre Tante fahren Zug.
Sie sehen Wälder und Wiesen,
Schafe, Pferde und Kühe.
Was für eine schöne Reise!

18. Leserätsel

Welche Tiere sehen Ayla und ihre Tante nicht auf ihrer Fahrt?

Lösung

Die Tapire im Zoo
sind heute ganz schön faul.
Nur der kleinste schläft nicht.
Er futtert alles weg!

19. Leserätsel

 Was schmeckt dem kleinen Tapir?

APFELWURSTKÄSESALATBROT

Lösung

A P F E L W U R S T K Ä S E S A L A T B R O T

Wuff und Mick mögen sich.
Mick liest Wuff etwas vor.
Dafür lädt Wuff Mick
zum Abendessen ein.

20. Leserätsel

Wie heißen die beiden noch mal?

- ○ Wick und Muff
- ○ Muck und Wick
- ○ Mick und Wick
- ○ Mick und Wuff
- ○ Wuff und Muff

Lösung

- ○ Wick und Muff
- ○ Muck und Wick
- ○ Mick und Wick
- ☒ Mick und Wuff
- ○ Wuff und Muff

Reiten ist gar nicht einfach.
Hoppla, dieses Pony
ist aber störrisch.
Zum Glück ist es nicht groß!

21. Leserätsel

Welches Wort gehört wozu?

das Pony	Pferde
der Pony	Frisur

Lösung

das Pony —— Pferde

der Pony —— Frisur

Siri hat Angst vor Raubtieren.
Sie mag keine Löwen und Tiger.
Aber das kleine Tigerkind,
das ist soo süß!

22. Leserätsel

Welche Wörter gehören nicht in diesen Satz?

Siri mag sie keine Löwen und Tiger nicht.

Lösung

Siri mag ~~sie~~ keine Löwen und Tiger ~~nicht~~.

Oh, das schöne Schneckenhaus
ist ja bewohnt!
Ein Krebs schaut heraus.
Bitte nur nicht kneifen!

23. Leserätsel

Wie nennt man Krebse, die in leeren Schneckenhäusern leben?

- ○ Einigelkrebs
- ○ Einkriecherkrebs
- ○ Einsiedlerkrebs

Lösung

- ○ Einigelkrebs
- ○ Einkriecherkrebs
- ☒ Einsiedlerkrebs

In den Ferien darf Sophie
das Meerschweinchen
ihrer Freundin Anne hüten.
Mups ist ein toller Feriengast!

24. Leserätsel

Welche dieser Wörter gibt es gar nicht?

hüten fügen süben

brüten lüben üben lügen

Lösung

hüten

fügen

~~süben~~

brüten

~~lüben~~

üben

lügen

Heute fressen Hund und Katze friedlich nebeneinander.
Jeder kriegt etwas anderes.

25. Leserätsel

Nanu? Was schleckt denn die Katze da auf dem Bild?

Milch

Hackfleisch

Knete

Schlagsahne

Lösung

Milch

Knete

Schlagsahne

Hackfleisch

Eleni und Papa sind im Zoo.
Eleni hat es eilig.
Sie will unbedingt
als Erstes die Affen sehen!

26. Leserätsel

Welches Wort passt? Eleni ist …

ungehorsam. vergesslich.

langsam. ungeduldig.

Lösung

Eleni ist …

ungehorsam. vergesslich.

langsam. ungeduldig.

Miez und Bello
machen ein Wettrennen.
Miez hat zu viel gefressen.
Bello ist schneller als Miez.

27. Leserätsel

Was stimmt? Miez ist …

○ langsamer als Bello.

○ schneller als Bello.

○ genauso schnell wie Bello.

Lösung

Miez ist ...

- [x] langsamer als Bello.
- [ ] schneller als Bello.
- [ ] genauso schnell wie Bello.

Hoppel, Wuppi und Mops
lieben die Felder im Herbst.
Die Luft riecht gut
und die Sonne scheint.
Nichts wie los!

28. Leserätsel

Wie heißen die Sätze richtig?

Mops	riecht	Felder.
Die Sonne	liebt	gut.
Die Luft	scheint	hell.

Lösung

Mops riecht Felder.

Die Sonne liebt gut.

Die Luft scheint hell.

Ob Juris Freund ein Tier ist?
Oder doch ein Monster?
Mit ihm wird es jedenfalls
nie langweilig!

29. Leserätsel

Findest du die Gegenteile?

lang	voll
leer	spannend
langweilig	kurz

Lösung

lang	voll
leer	spannend
langweilig	kurz

Wenn es Sommer wird,
liegt Emma am liebsten
in der saftigen Wiese
und betrachtet die Blumen.

30. Leserätsel

Was guckt Emma sich an?

- ○ die Wiese
- ○ den Sommer
- ○ die Blumen
- ○ die Bienen

Lösung

○ die Wiese

○ den Sommer

☒ die Blumen

○ die Bienen

Was ist denn da los?
Bauer Schmid ist
in den Mist gefallen
und alle gucken zu!

31. Leserätsel

Was könnte Bauer Schmid jetzt rufen?

Guten Appetit!

So ein Mist!

Glück gehabt!

Gesund-heit!

Lösung

Leos Hund heißt Purzel.
Leo will Purzel
Männchen beibringen.
Ob das mal klappt?

32. Leserätsel

Was bedeutet „Männchen machen“?

- ○ eine Verbeugung machen
- ○ auf den Hinterpfoten stehen
- ○ die Pfote reichen

Lösung

- ○ eine Verbeugung machen
- ☒ auf den Hinterpfoten stehen
- ○ die Pfote reichen

Es ist schon spät.
Nur noch kurz vorlesen.
Da kommt Mimi und stört.
Gefällt ihr das Buch nicht?

33. Leserätsel

Welches Wort passt hier nicht rein?

Buch Tuch Flucht Fluch

Lösung

Buch Tuch ~~Flucht~~ Fluch

Jeden Tag
besucht Mirek den Stall.
Die Ferkel dort
sind noch ganz jung.

34. Leserätsel

Wer gehört zu wem?

Kalb	Reh
Fohlen	Schwein
Ferkel	Kuh
Kitz	Pferd

Lösung

Kalb	Reh
Fohlen	Schwein
Ferkel	Kuh
Kitz	Pferd

Miez will sich
mit dem Marienkäfer anfreunden.
Der Käfer ist davon
nicht so begeistert.

35. Leserätsel

Erkennst du die einzelnen Wörter?

MIEZMAGDENMARIENKÄFER.

Lösung

MIEZ|MAG|DEN|MARIENKÄFER.

Max mag Karotten und Obst.
Besonders liebt Max Äpfel.
Die gibt Sonja ihm gerne.

36. Leserätsel

Betrachte die Fellfarbe.
Was für ein Pferd ist Max?

○ Fuchs ○ Brauner ○ Rappe ○ Schimmel

Lösung

- [ ] Fuchs
- [ ] Brauner
- [ ] Rappe
- [x] Schimmel

Pavels Katze ist soo faul!
Sie hat drei Schritte
im Garten gemacht und
ruht sich schon wieder aus.

37. Leserätsel

Wie könnte man Pavels Katze nennen?

Leckermaul Wüterich

Frechdachs

Faulpelz Schlafmütze

Lösung

Leckermaul Wüterich

Frechdachs

Faulpelz Schlafmütze

Es wird schon dunkel.
Zum Glück kennt Fifi
den Weg nach Hause
zu seinem Herrchen.

38. Leserätsel

Welche Paare gehören zusammen?

Dame	Mann
Herrchen	Frauchen
Frau	Herr

Lösung

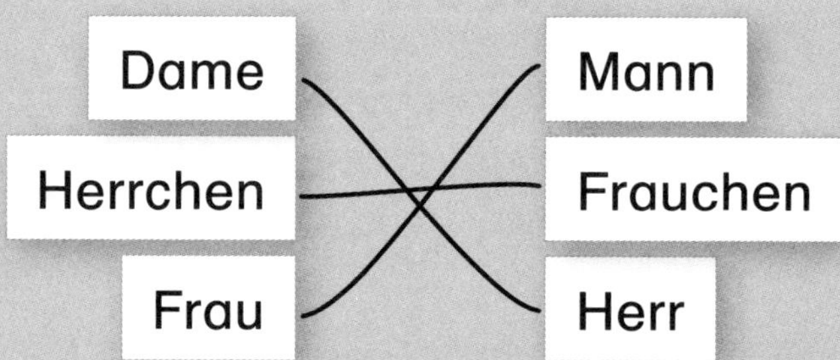

Neles Haustier ist eine Ratte.
Sie wohnt in einem Käfig
und heißt Ludmilla.

39. Leserätsel

Mit welchen Buchstaben kannst du den Namen von Neles Ratte wieder zusammensetzen?

LDMLALUI LMIDSALI LUMIDLAE

Lösung

Hier sind alle Buchstaben von LUDMILLA enthalten:

LDMLALUI

LMIDSALI

LUMIDLAE

Die Meerschweinchen schnuppern.
Hurra! Da kommt Mehmed
und bringt ihnen Löwenzahn.
Das gibt ein Festessen!

40. Leserätsel

Welche dieser Pflanzen gibt es wirklich?

Löwenzahn

Schneeglöckchen

Sonnenblume

Blumensonne

Glöckchenschnee

Zahnlöwen

Lösung

Löwenzahn

Schneeglöckchen

Sonnenblume

Glöckchenschnee

Blumensonne

Zahnlöwen